RÈGLES A SUIVRE

A TITRE D'ESSAI

POUR L'EMPLOI RÉCIPROQUE DU MATÉRIEL

SOMMAIRE

A. — DISPOSITIONS GÉNÉRALES.

B. — PREMIÈRE PARTIE. — Règles applicables aux échanges entre les grandes Compagnies françaises.

C. — DEUXIÈME PARTIE. — Règles applicables à l'emploi par la Ceinture des véhicules des Compagnies françaises qui y sont reliées.

D. — TROISIÈME PARTIE. — Établissement, envoi, vérification et règlement des comptes d'échange de matériel.

E. — QUATRIÈME PARTIE. — Wagons fournis par les expéditeurs et wagons loués par les expéditeurs.

F. — CINQUIÈME PARTIE. — Échange des agrès de chargement.

ÉDITION DE 1906

TABLE DES MATIÈRES

RÈGLES A SUIVRE

A TITRE D'ESSAI

POUR L'EMPLOI RÉCIPROQUE DU MATÉRIEL

A. — DISPOSITIONS GÉNÉRALES

Les Administrations de Chemins de fer qui ont adhéré au présent règlement en vue d'éviter autant que possible le transbordement en cours de transport des véhicules chargés qui sont échangés d'un réseau à l'autre ont, d'un commun-accord, fixé ainsi qu'il suit les conditions d'usage et d'emploi réciproque du matériel.

Les questions relatives à l'échange du matériel et les différends auxquels donnera lieu l'interprétation du présent règlement seront soumis à la Conférence des Parcours composée d'un délégué de chacune des Administrations. Cette conférence se réunit au moins une fois par mois. Ses avis sont consignés dans un procès-verbal communiqué aux Chefs de l'Exploitation des Administrations adhérentes. Ils deviennent définitifs lorsque, passé un délai d'un mois après l'envoi du procès-verbal, ils n'ont donné lieu à aucune observation de la part de ces Administrations.

Chaque Administration se réserve le droit de faire cesser le présent règlement en prévenant toutes les Administrations intéressées au moins six mois à l'avance.

6

B. — *PREMIÈRE] PARTIE*. — RÈGLES APPLICABLES AUX ÉCHANGES ENTRE LES GRANDES COMPAGNIES FRANÇAISES

CHAPITRE-PREMIER. — ÉCHANGE ET EMPLOI DES VÉHICULES

§ 1er. — *Admission des véhicules aux points d'échange.*

ARTICLE PREMIER. — Pour être admis à l'échange, les wagons doivent être en bon état de circulation, de manière à ne pas compromettre par eux-mêmes ou par leur chargement la sécurité de l'exploitation.

13-34

ART. 2. — Les wagons utilisés à des transports de petite vitesse seront pris en charge sans transbordement dans les gares d'échange par l'Administration cessionnaire s'ils contiennent au minimum, pour une même gare, le poids indiqué ci-après en marchandises pour cette gare même ou devant être soit transbordées, soit distribuées aux gares suivantes par le wagon livré, d'après un accord entre les Compagnies intéressées :

2.000 kilog. pour un parcours inférieur à 400 kilomètres à partir du point d'échange ;

4.000 kilog. pour un parcours égal ou supérieur à 400 kilomètres à partir du point d'échange.

ART. 3. — Exceptionnellement, devront être pris en charge, quels que soient le poids de leur chargement et la distance qu'ils ont à parcourir, les wagons en petite vitesse plombés par la douane ainsi que les wagons plombés chargés de matières explosibles de la première catégorie.

ART. 4. — Les wagons G. V. chargés seront pris en charge par les Compagnies cessionnaires qui les auront laissés continuer sur leur réseau, quel que soit le poids de leur chargement.

19

ART. 5. — Les wagons appartenant à des chemins de fer français ou étrangers qui sont introduits par une Administration sur le réseau d'une autre Compagnie doivent être considérés, au point de vue de l'application des règles d'échange, comme appartenant à la Compagnie cédante.

32

Numéros d'ordre
de l'Annexe résumant
les P.V. à consulter.

§ 2. — *Livraison et restitution des véhicules.*

Art. 6. — Pour les échanges des réseaux entre eux **ne transitant pas par le Chemin de fer de Ceinture :**

37

Un véhicule est considéré comme livré :

Par une gare d'échange lorsqu'il est mis à la disposition de la Compagnie cessionnaire, soit avec ses titres de transport, soit avec sa feuille de chargement.

Chaque wagon ou groupe de wagons faisant partie d'une même expédition, remis isolément à la gare d'échange, devra toujours être accompagné d'une feuille de chargement, mentionnant les numéros de tous les wagons composant l'expédition.

Les wagons transbordés dans les gares d'échange communes ne sont pas pris en charge.

Un véhicule est considéré comme restitué :

1° Par une *gare non commune*, le jour où il est mis à la disposition de la Compagnie cédante, avec ses titres de transport ou sa feuille de chargement, s'il est restitué chargé ;

2° Par une *gare commune*, le jour de son arrivée en gare d'échange, avec ses titres de transport ou sa feuille de chargement, s'il est restitué chargé.

Un wagon en retour, chargé pour la localité de la gare d'échange commune, est considéré comme restitué, le jour de son arrivée en gare commune, avec ses titres de transport ou sa feuille de chargement.

Art. 7. — Pour les échanges des réseaux entre eux, **transitant par le Chemin de fer de Ceinture :**

1° Un véhicule est considéré comme *livré* à partir du moment où il est mis à la disposition de la Compagnie cessionnaire sur les voies d'échange de la gare de contact avec la Ceinture;

2° Un véhicule est considéré comme *restitué* à partir du moment où il est mis à la disposition de la Ceinture sur les voies d'échange de la gare de contact entre la Ceinture et la Compagnie qui le restitue.

14-36

Art. 8. — Quand plusieurs wagons font partie de la même expédition, la livraison n'est considérée comme effectuée que lorsque tous les wagons portés sur le même document sont remis effectivement.

*

Art. 9. — Par dérogation aux articles 6, 7 et 8, la livraison est consi-dérée comme effectuée, même en cas d'absence de documents, ou de wagons composant une même expédition, lorsque la Compagnie cessionnaire a fait continuer le wagon sur le vu de l'étiquette de destination.

Art. 10. — Les wagons chargés pour la localité d'une gare d'échange commune qui sont réexpédiés par ordre du public sont pris en charge le jour de leur arrivée en gare commune.

Art. 11. — A moins d'arrangement spécial intervenu entre les Administrations intéressées, les jours de livraison et de restitution du matériel sont décomptés de minuit à minuit, chaque *jour entamé* comptant pour un jour.

§ 3. — *Renvoi et utilisation des véhicules en retour.*

Art. 12. — Arrivés à la station de destination, les véhicules échangés doivent être déchargés et restitués dans le plus court délai à l'Administration propriétaire ou cédante, à charge toutes les fois qu'il est possible.

Art. 13. — Le chargement en retour devra être fait pour le réseau propriétaire ou cédant, à défaut, pour un réseau au delà, à la condition que le transport doive transiter par le réseau propriétaire ou cédant.

Art. 14. — Pour les véhicules des réseaux qui sont en contact, soit directement, soit par la Ceinture, la restitution se fait par un des points d'échange avec le réseau propriétaire, sans qu'il soit nécessaire que ce point soit celui de la livraison.

Art. 15. — Pour les véhicules des réseaux qui ne sont pas en contact soit directement, soit par la Ceinture, la restitution se fait par un des points d'échange avec le réseau cédant, sans qu'il soit nécessaire que ce point de restitution soit celui de la livraison.

Art. 16. — Tout wagon en retour circulant à vide ou chargé de moins de 1.500 kilogrammes sur un réseau qui ne l'a pas eu à charge à l'aller est réputé dévoyé.

L'Administration qui a dévoyé le wagon en doit la redevance de séjour jusqu'à sa restitution, ainsi que les pénalités de retard, calculées d'après les délais prévus aux articles 26 et 27.

26

La Compagnie qui rapatrie le wagon n'a droit à aucune indemnité; par contre, elle ne paie pas de redevance de séjour si elle n'utilise pas le wagon et si elle le restitue dans le délai prévu à l'article 26. En cas de retard, elle paie, à la Compagnie qui lui a remis le wagon, les redevances de location pour l'excédent de séjour et les pénalités prévues à l'article 20. Si elle utilise le wagon, elle paie à la Compagnie qui le lui a remis, la redevance de séjour à partir du jour de chargement et la pénalité, en cas de retard sur les délais prévus aux articles 26 et 27.

Art. 17. — Les conséquences des dévoyés de wagons appartenant à des Administrations qui n'ont pas adhéré au présent règlement sont à la charge de l'Administration qui les a causés. Dans ce cas, cette Administration alloue à la Compagnie, par laquelle le wagon a été introduit sur le réseau des Compagnies adhérentes, les excédents de redevance d'emploi, de pénalités de retard et de frais de traction que le dévoyé lui a occasionnés.

32

Chapitre II. — ALLOCATIONS POUR L'EMPLOI RÉCIPROQUE DES VÉHICULES

§ 1er. — *Nature des allocations.*

Art. 18. — L'emploi d'un véhicule d'une Administration par une autre donne lieu, de la part de l'Administration cessionnaire, à l'allocation :

1° D'une redevance d'emploi ;

2° D'une pénalité de retard en cas de restitution au delà d'un délai conventionnel, cette pénalité s'ajoute à la redevance d'emploi.

Art. 19. — Sans préjudice des arrangements spéciaux intervenus entre certaines Administrations, ces allocations sont fixées ainsi qu'il suit pour chaque catégorie de véhicules définis d'après la nomenclature du matériel des Administrations qui ont adhéré au présent règlement.

19-22

§ 2. — *Redevances d'emploi et pénalités de retard.*

Art. 20. — Pour les véhicules, grande et petite vitesse, autres que les voitures à voyageurs et les fourgons faisant un service régulier, la redevance d'emploi est basée sur le nombre de journées d'absence écoulées sur le réseau de la Compagnie cessionnaire ou au delà, à partir du jour de livraison jusqu'à celui de restitution, à raison d'un taux par journée déterminé par les conventions spéciales intervenues entre les Administrations intéressées.

Le jour de livraison et celui de restitution sont comptés chacun pour un jour d'absence.

La pénalité de retard est calculée sur le nombre de journées d'absence en excédent des délais fixés par les articles 26 et 27 ci-après :

A raison de 5 francs par jour de retard et par voiture à voyageurs.

A raison de 3 francs par jour de retard et par véhicule grande ou petite vitesse, autre que les voitures à voyageurs.

31-36-39

ART. 21. — Pour les voitures et les fourgons faisant un service régulier, la redevance d'emploi est calculée sur le nombre de kilomètres parcourus à l'aller et au retour, sur le réseau de la Compagnie cessionnaire ou au delà, à raison de :

0 fr. 05 c. par voiture de 1re classe.

0 fr. 04 c. par voiture de 2e classe.

0 fr. 03 c. par voiture de 3e classe.

0 fr. 02 c. par fourgon de service.

Les voitures mixtes sont assimilées aux voitures de la classe la plus élevée qu'elles renferment.

15-40

ART. 22. — Les parcours sont calculés d'après le tableau des distances réelles données par le livret Chaix. La station dans laquelle la marchandise est déchargée ou transbordée, est considérée comme station de destination.

ART. 23. — Pour les véhicules pris en location, en vue d'un service exceptionnel, la redevance d'emploi est fixée, à moins d'arrangements spéciaux entre les intéressés, à raison de 5 francs par jour d'absence réelle pour les voitures à voyageurs; 3 francs par jour pour les autres véhicules, grande et petite vitesse.

ART. 24. — Les bases prévues aux articles 21 et 23 ci-dessus, peuvent être modifiées en ce qui concerne les véhicules de luxe par des arrangements spéciaux entre les Administrations intéressées.

ART. 25. — Pour les wagons en transit par la Ceinture, reçus chargés dans une gare de contact avec la Ceinture et qui y sont, soit transbordés, soit déchargés pour être restitués, la Compagnie cessionnaire n'alloue à la Compagnie cédante aucune redevance de séjour.

Le délai de restitution de ces wagons est de deux jours, si le wagon est restitué vide et de trois jours s'il est restitué chargé de 1.500 kilogrammes au minimum ou de 1.000 kilogrammes s'il s'agit de marchandises encombrantes; au delà de ce délai une pénalité de 3 francs par jour est allouée à la Compagnie cédante.

Pour le décompte ci-dessus, le jour de livraison et celui de restitution sont comptés ensemble pour un jour.

Si des wagons à transborder en gare de contact avec la Ceinture continuent sur le réseau cessionnaire, la redevance d'emploi et la pénalité de retard sont celles prévues à l'article 20; leur délai de restitution est fixé par l'article 26.

7-18-21-24
31-39

§ 3. — *Délai de restitution.*

Art. 26. — Il est accordé à l'Administration qui accepte un véhicule, un délai conventionnel d'emploi à l'expiration duquel le véhicule doit être restitué.

Sauf arrangement intervenu entre les Administrations intéressées ce délai est fixé ainsi qu'il suit :

Véhicules G. V. { Deux jours pour un parcours de 1 à 100 kilomètres à l'aller, augmentés d'un jour par fraction indivisible de 100 kilomètres, calculés comme il est dit à l'article 22.

Véhicules P. V. { Cinq jours pour un parcours de 1 à 100 kilomètres, à l'aller, augmentés d'un jour par fraction indivisible de 100 kilomètres, calculés comme il est dit à l'article 22.

§ 4. — *Délais supplémentaires.*

Art. 27. — La durée totale du délai calculée d'après l'article 26, est augmentée :

A. — D'un jour :

1° Pour le passage en transit, soit sur le réseau d'une des Administrations ayant adhéré au présent règlement soit sur le réseau d'une Compagnie secondaire enclavé, soit pour la remise à un réseau étranger.

2° Pour les véhicules livrés chargés d'animaux en grande vitesse.

8

B. — De deux jours :

1° Pour tout wagon restitué dans les conditions indiquées aux articles 12 et 13, chargé de 1.500 kilog. au minimum pour une seule gare, en marchandises pour cette gare même ou devant être, soit transbordées, soit distribuées aux gares suivantes par le dit wagon, d'après accord entre les Compagnies intéressées.

20-23

Numéros d'ordre
de l'Annexe résumant
les P.V. à consulter.

Par exception, la limite de chargement est abaissée à 1.000 kilog. pour les wagons restitués chargés de fûts vides, emballages en retour, etc., et en général de marchandises encombrantes ;

2° Pour tout wagon ayant à subir soit à l'aller, soit au retour. des formalités en douane aux gares frontières ou intérieures ainsi que dans les ports de mer.

28-33

§ 5. — *Exemption de la redevance d'emploi et de la pénalité de retard.*

Art. 28. — L'Administration cessionnaire est exonérée de la redevance d'emploi et de la pénalité de retard, si elle prouve que le séjour supplémentaire sur ses lignes ou dans la gare d'échange est dû à une des causes suivantes :

1° Avaries constatées ou attente de la constatation jusqu'à un maximum de cinq jours, à la suite d'un accident ayant entraîné une immobilisation de vingt-quatre heures au moins. Les wagons ayant servi au transport de pièces de rechange ou de véhicules avariés sont également exempts de la redevance d'emploi et de la pénalité de retard. Le jour de constatation de l'avarie et celui de remise en service comptent ensemble pour un jour.

2° Attente dans une gare de contact avec la Ceinture ou dans une gare de Ceinture de véhicules complétant une même expédition, ou de documents nécessaires à la livraison.

3° Désinfection des wagons à bestiaux ayant précédemment servi à un transport de bestiaux et dont la désinfection n'a pas été faite par la Compagnie cédante.

4° Interruption de la circulation par suite de cas de force majeure ne permettant pas de restituer les véhicules par une voie détournée.

Par exception, en cas de neiges, l'exemption de séjour et de pénalité n'est pas appliquée si l'interruption de la circulation a été générale et sensiblement de même durée.

5° Les wagons à freins de service dans les trains spéciaux mis en marche par les Compagnies sur la Ceinture sont exempts de la redevance d'emploi.

1-2-4-5-9-10

C. — *DEUXIÈME PARTIE.* — RÈGLES APPLICABLES A L'EMPLOI PAR LA CEINTURE DES VÉHICULES DES COMPAGNIES FRANÇAISES QUI Y SONT RELIÉES

Chapitre Premier. — EMPLOI DES VÉHICULES

§ 1er. — *Transmission et emploi des véhicules des Compagnies par les Chemins de fer de Ceinture.*

Art. 29. — Les Chemins de fer de Ceinture transmettent les wagons chargés ou vides échangés entre les réseaux des grandes Compagnies par leurs gares de contact avec la Ceinture.

Art. 30. — Les Compagnies mettent à la disposition de la Ceinture les wagons chargés de marchandises en destination des gares locales et des embranchements particuliers qui y sont reliés et les wagons vides nécessaires aux expéditions de la Ceinture.

Ces wagons vides, sont, soit pris au passage parmi ceux en cours de restitution, soit pris parmi ceux disponibles après déchargement, soit demandés à une gare de contact du réseau destinataire avec la Ceinture.

§ 2. — *Livraison et restitution des véhicules.*

Art. 31. — Les conditions de livraison, de restitution et d'utilisation des véhicules vides ou chargés, remis à la Ceinture dans les conditions indiquées aux articles 29 et 30 ci-dessus, sont les mêmes que celles fixées aux articles, 6, 7, 8, 11, 12, 13, 14, 16, et 17 ci-dessus, pour les échanges de matériel entre les grandes Compagnies, étant entendu que pour l'application de l'article 6, les gares de contact avec la Ceinture doivent être considérées comme non communes au point de vue de l'échange du matériel.

Dans les gares locales communes ou assurant un service commun entre les Compagnies et la Ceinture, les wagons réexpédiés par ordre du public, sont pris en charge par la Compagnie cessionnaire le jour où l'ordre de la réexpédition est reçu ou le jour de leur arrivée en gare, si l'ordre de réexpédition a précédé l'arrivée.

Numéros d'ordre
de l'Annexe résumant
les P. V. à consulter.

Art. 32. — Dans le cas où un wagon vide, en cours de restitution, est arrêté par la Ceinture, pour assurer ses expéditions, il est pris en charge par la Ceinture directement de la Compagnie propriétaire à partir du jour où il est utilisé.

Dans le cas où une Compagnie reçoit de la Ceinture un wagon chargé qui ne lui appartient pas, elle le prend en charge directement de la Compagnie propriétaire à partir du jour où il lui a été remis par la Ceinture.

29

Chapitre II. — ALLOCATION POUR L'EMPLOI DES VÉHICULES

§ 1er. — *Redevance d'emploi et délai de transmission.*

Art. 33. — Pour l'emploi des véhicules utilisés à son trafic local, la Ceinture alloue à la Compagnie propriétaire une redevance fixée ainsi qu'il suit :

Voitures à voyageurs sur la Petite et sur la Grande-Ceinture : 5 francs par jour d'utilisation réelle et par voiture ;

Autres véhicules grande vitesse sur la Petite et la Grande-Ceinture : 3 francs par jour d'utilisation réelle et par véhicule.

Wagons utilisés sur la Petite et la Grande-Ceinture

	1° Wagons restitués vides.	2° Wagons restitués chargés quel que soit le poids du chargement.
	Fr. c.	Fr. c.
Première journée.	0 50	0 50
Deuxième journée	1 »	0 50
Troisième journée	3 »	1 »
Quatrième journée et suivantes. .	3 »	3 »

Le jour de la livraison et celui de la restitution ne comptent ensemble que pour un jour.

11-42

Art. 34. — Par exception à l'article 33, *les véhicules grande vitesse, entrant dans la composition des trains spéciaux*, mis en marche par les Compagnies sur la Grande et la Petite-Ceinture sont réglés d'après leur parcours kilométrique à charge en conformité des prix fixés à l'article 21, ou par arrangement spécial.

§ 2. — *Exemption de la redevance d'emploi.*

Aʀт. 35. — Le délai de transmission des véhicules en transit par la Ceinture, est fixé à une journée, le jour de la mise à disposition de la Ceinture et celui de la remise à la Compagnie destinataire n'étant comptés ensemble que pour un jour.

Si ce délai est dépassé, la Ceinture paie à la Compagnie cédante les redevances suivantes par journée en plus de la première :

5 francs par voiture.

3 francs par fourgon de service ou wagon.

Aʀт. 36. — Sont exempts de la redevance d'emploi à la charge des Chemins de fer de Ceinture :

1° Les véhicules en transit chargés ou vides;

2° Les véhicules des trains de jonction et assimilés passant en péage sur les voies de la Ceinture;

3' Les véhicules transportant des troupes sur la Ceinture rive droite;

4° Les véhicules rentrant dans l'un des cas prévus à l'article 28.

D. — *TROISIÈME PARTIE.* — ÉTABLISSEMENT, ENVOI, VÉRIFICATION ET RÈGLEMENT DES COMPTES D'ÉCHANGE DE MATÉRIEL

§ 1ᵉʳ. — *Établissement des états et des comptes d'échange.*

Aʀт. 37. — Toute gare d'échange établit, pour chaque Compagnie, un état journalier des véhicules échangés entre les réseaux qui y aboutissent.

Aʀт. 38. — Chaque Administration établit mensuellement, sur ces états journaliers, le décompte des véhicules qui ont circulé sur son réseau.

Les voitures à voyageurs et fourgons, faisant un service régulier, dont les parcours sont compensés en nature, doivent faire l'objet d'un décompte distinct de celui des véhicules dont la liquidation est effectuée en argent.

Les véhicules qui n'auraient pas effectué leur retour au moment de la clôture des états sont reportés sur l'état du mois suivant.

Le compte est adressé à l'Administration intéressée au plus tard le 25 du mois qui suit celui dans lequel les véhicules ont été livrés.

Art. 39. — Le 5 de chaque mois les délégués des bureaux d'échange du matériel des grandes Compagnies se réunissent au siège des Chemins de fer de Ceinture et arrètent contradictoirement les comptes de l'avant-dernier mois, sous réserves des rectifications qu'entraînera la vérification ultérieure des décomptes.

§ 2. — *Vérification des comptes d'échange et régularisation des différences.*

Art. 40. — Chaque Administration vérifie les comptes d'échange qu'elle reçoit. Ses rectifications doivent parvenir à l'Administration qui a établi le compte au plus tard trois mois après sa réception.

Art. 41. — Les rectifications sont arrêtées mensuellement et réglées sur le compte d'échange du mois courant, celles qui n'ont pu être arrêtées sont reportées.

Art. 42. — L'ensemble des rectifications du compte d'un mois doit être arrêté et le compte apuré dans les douze mois qui suivent la réception du compte.

Art. 43. — Chaque Administration communiquera à celles avec lesquelles elle est en relation les comptes des mois écoulés, depuis un délai de cinq ans, chaque fois qu'il lui en sera fait la demande.

§ 3. — *Règlement des comptes d'échange.*

Art. 44. — Le montant des comptes d'échange est soumis mensuellement à l'acceptation de la Compagnie dont le solde est débiteur.

Aussitôt acceptation, ce solde est porté en compte.

§. 4. — *Dispositions spéciales.*

Art. 45. — Les redevances d'emploi et pénalités supplémentaires dues aux stationnements causés par des irrégularités constatées en cours de transport des wagons échangés (manque de titres, fausse adresse, fausse direction ou cas analogues), sont réglées par la Compagnie cessionnaire.

Celles qui doivent être partagées au prorata du parcours kilomètrique effectué sur chaque réseau, conformément aux articles 3 et 12 du règlement entre les grandes Compagnies françaises pour la transmission des marchandises et le partage des indemnités, sont réparties par les soins des Services des Réclamations.

27-28-30

E. — *QUATRIÈME PARTIE*. — **WAGONS FOURNIS PAR LES EXPÉDITEURS ET WAGONS LOUÉS PAR LES EXPÉDITEURS**

Art. 46. — Les wagons fournis par les expéditeurs ne figurent pas sur les comptes d'échange du matériel ; ils ne donnent pas lieu, en faveur des Compagnies sur le réseau desquelles ils sont immatriculés, à redevance d'emploi ni à pénalité de retard.

17-35-38

Art. 47. — Les wagons des Compagnies pris en location par des particuliers ne sont soumis à aucune redevance. Ces wagons doivent être munis de la marque « loué ».

16

F. — *CINQUIÈME PARTIE*. — **ÉCHANGE DES AGRÈS DE CHARGEMENT**

Art. 48. — L'échange des agrès, (bâches et prolonges), ne donne lieu à aucune redevance d'emploi, ni pénalité de retard.

Les ridelles, ranchers, flèches, tabliers de vigie, courroies de poitrail, chevalets, tréteaux et autres accessoires des wagons, ne sont pas considérés comme agrès, au point de vue de l'échange du matériel.

3

§ 1er. — *Agrès faisant partie intégrante des wagons.*

Art. 49. — Les agrès de chargement (bâches, prolonges, etc.), mentionnés sur les deux côtés longitudinaux des véhicules sont considérés comme faisant partie intégrante des véhicules.

Ces agrès ne doivent jamais être séparés des véhicules dont ils font partie et doivent être livrés et restitués en même temps qu'eux ; cependant, en prévision d'une infraction à la règle qui précéde, ces agrès devront, autant que possible, porter la marque de l'Administration propriétaire, afin d'en faciliter la restitution.

Art. 50. — L'acceptation sans réserves d'un wagon, implique que les agrès qui y sont mentionnés sont au complet. Il ne doit être tenu aucune

Numéros d'ordre
de l'Annexe résumant
les P.V. à consulter.

annotation spéciale en ce qui concerne l'entrée et la sortie des agrès considérés comme faisant partie intégrante des wagons.

Art. 51. — En cas de manquant, constaté à l'échange, les réserves sont adressées à l'Administration du réseau cédant, dans un délai d'un mois à partir du jour de l'acceptation du wagon. — 12

§ 2. — *Agrès ne faisant pas partie intégrante des wagons.*

Art. 52. — Tous les agrès mobiles de chargement appartenant aux Compagnies ou pris par elles en location, doivent, pour passer d'un réseau sur un autre, porter au moins la marque de l'Administration propriétaire ou locataire. Les bâches doivent porter, en outre, un numéro d'ordre.

Art. 53. — Les marques et numéros des agrès sont portés sur les feuilles de chargement, ou sur les pièces en tenant lieu, qui accompagnent les wagons. — 43

Art. 54. — Immédiatement après le déchargement des wagons à la station de destination, les agrès mobiles doivent être renvoyés, utilisés ou non, au réseau de la Compagnie propriétaire ou cédante dans un délai qui ne dépasse pas celui qui résulte des articles 26 et 27.

Art. 55. — La constatation de la présence des agrès mobiles se fait en même temps que la livraison ou la restitution des wagons aux points d'échange pour les agrès visibles et lors du déchargement pour les agrès non visibles.

Art. 56. — Les réserves pour manquant devront mentionner les marques et les numéros portés sur les agrès manquants et être notifiées à l'Administration en cause, dans un délai d'un mois à partir de l'acceptation des wagons.

Art. 57. — Les Compagnies se remboursent la valeur des agrès manquants au prix de 3 francs par mètre carré de surface en ce qui concerne les bâches, au prix de 10 francs par prolonge appartenant aux Compagnies, au prix d'estimation pour les autres agrès.

Art. 58. — Il n'est pas fait de constatation ni tenu compte des avaries survenues aux agrès échangés. — 41

Art. 59. — Les factures relatives aux agrès font l'objet d'un règlement trimestriel et sont réglées dans les conditions indiquées à l'article 42 ci-dessus pour les comptes d'échange de matériel.

Art. 60. — Les agrès n'appartenant pas aux Compagnies françaises sont assimilés pour l'échange aux agrès de ces Compagnies, mais ils doivent toujours être restitués avec les wagons qu'ils ont accompagnés à l'aller